AF587720

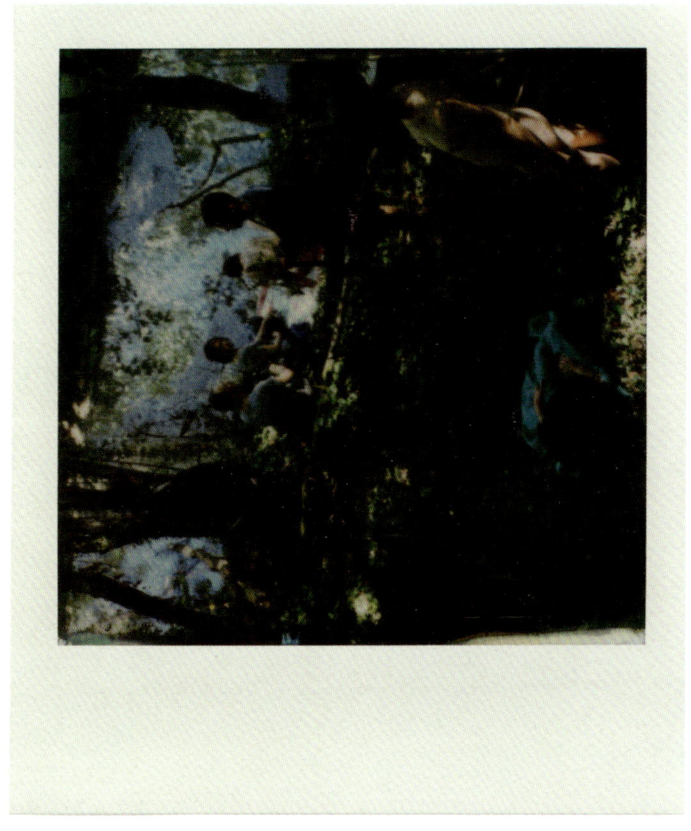

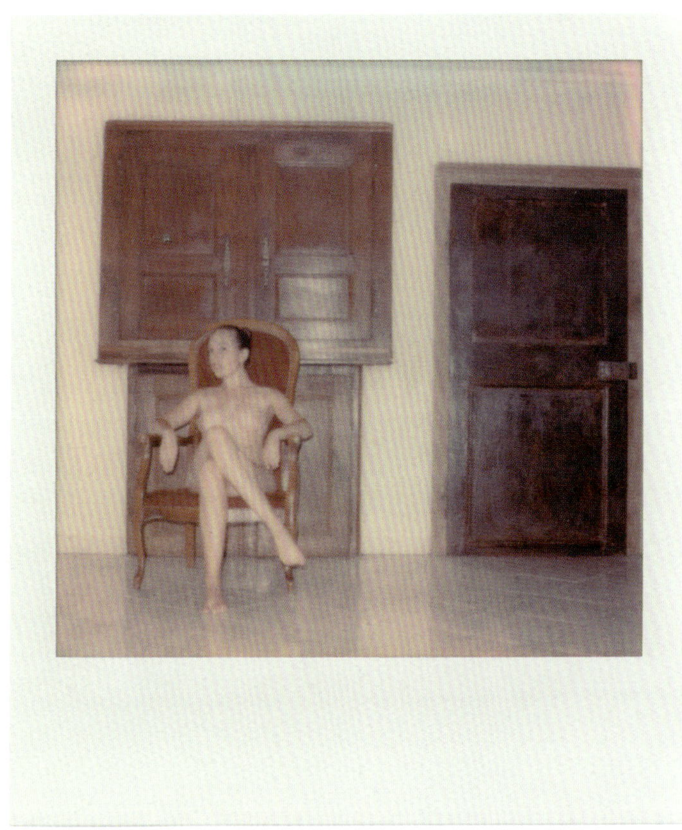

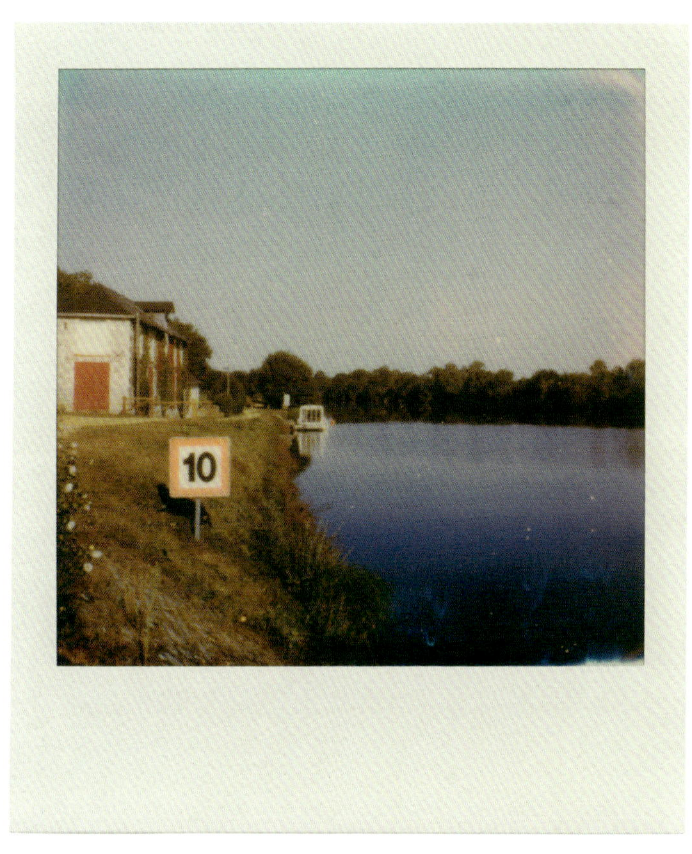
10

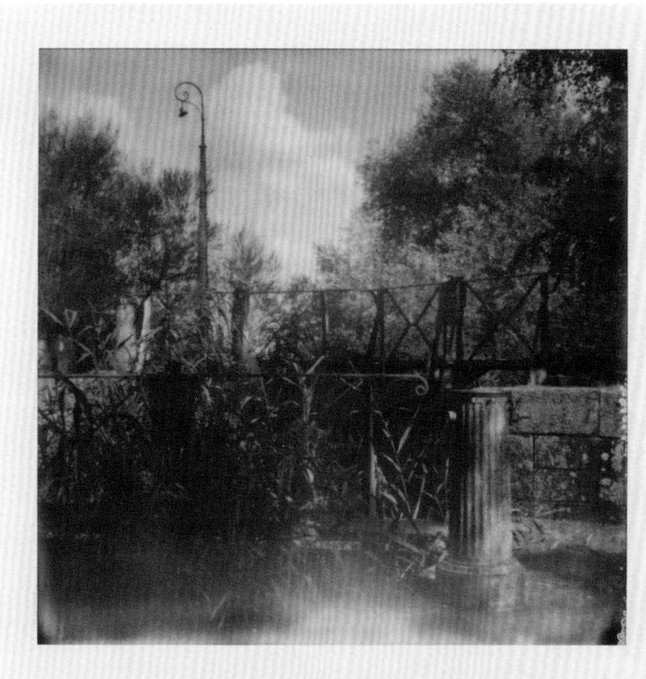

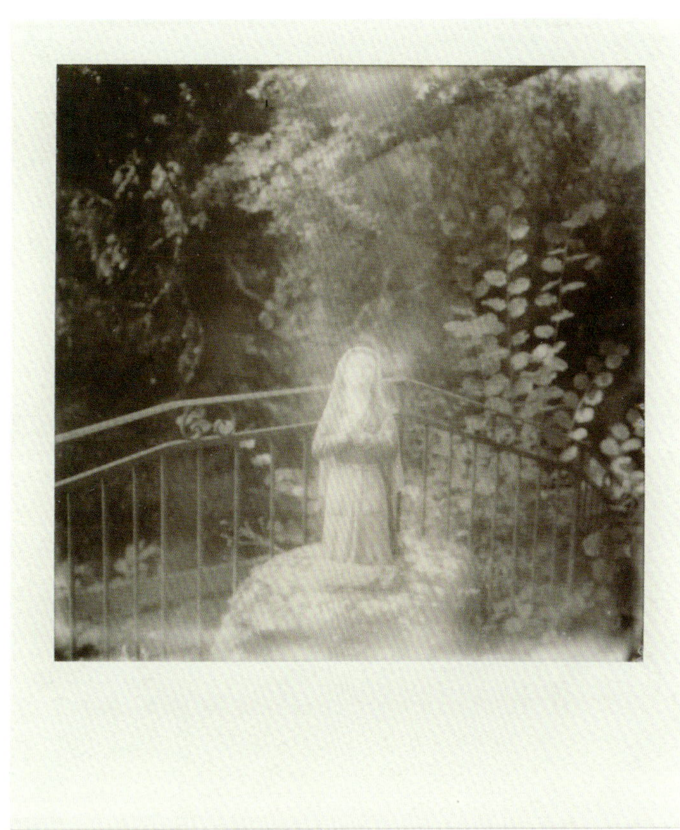

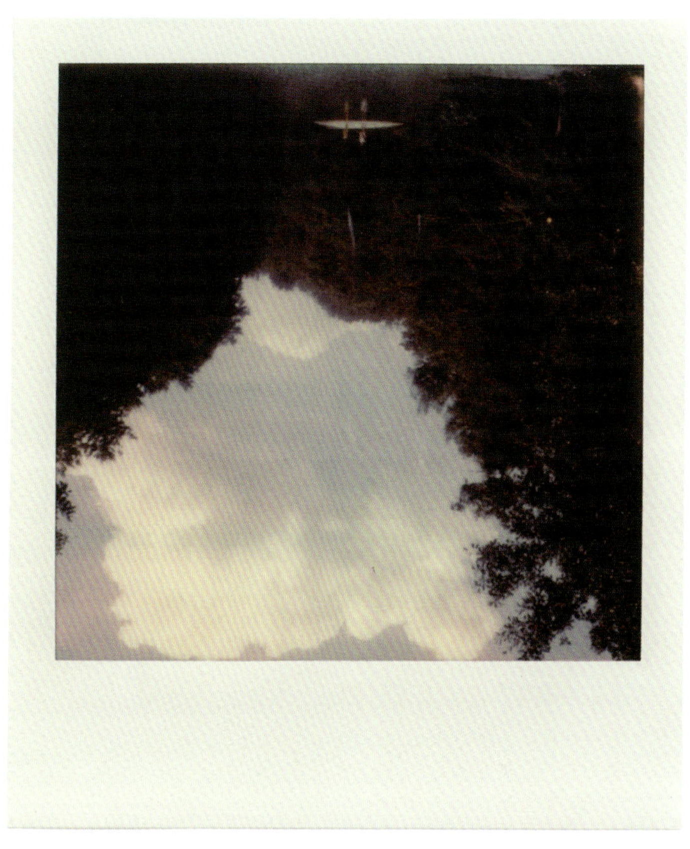

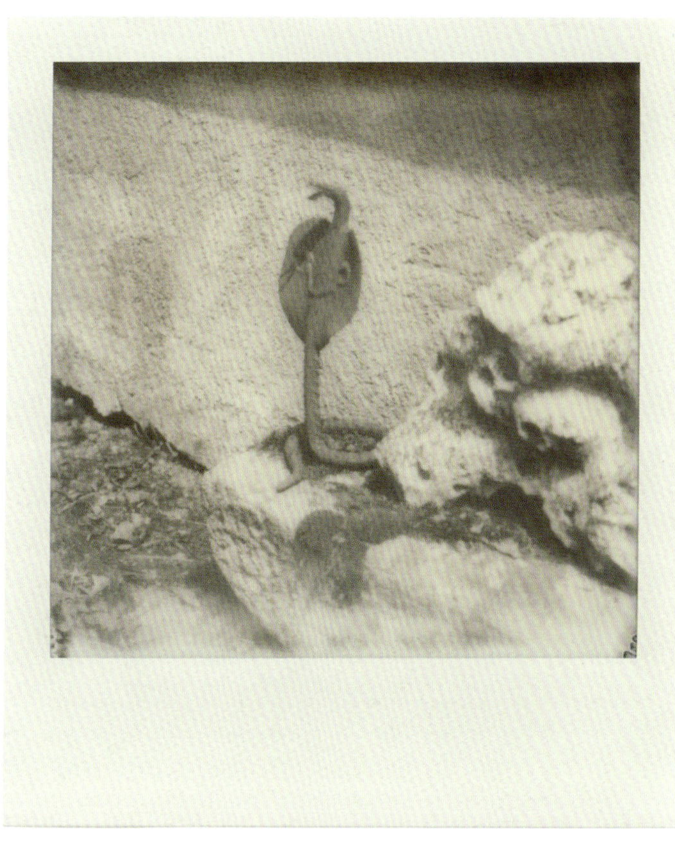

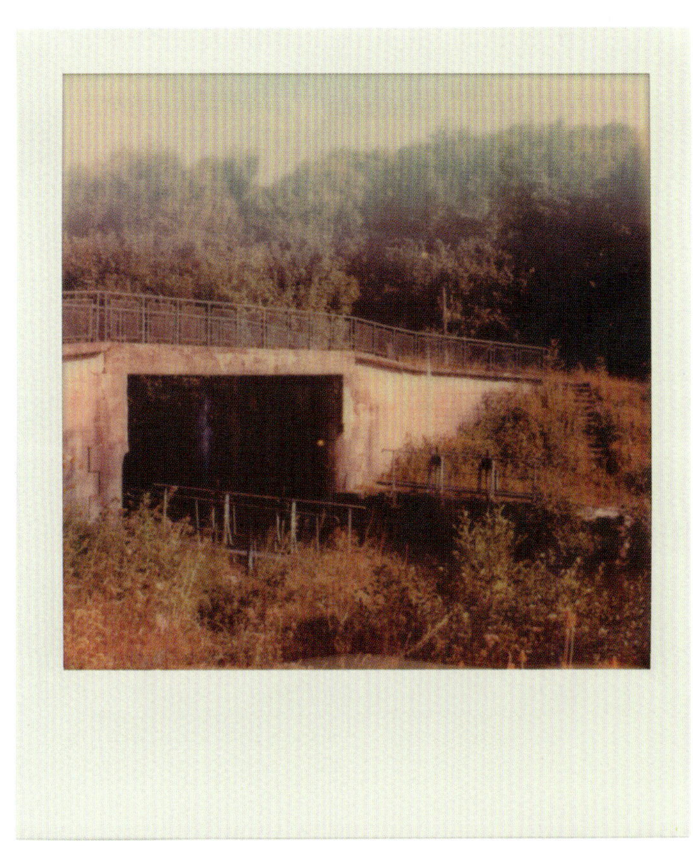

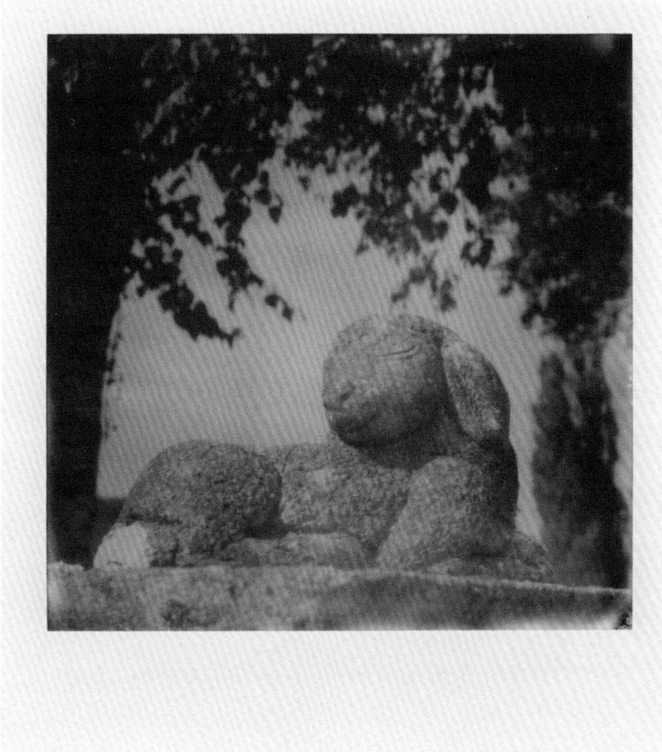

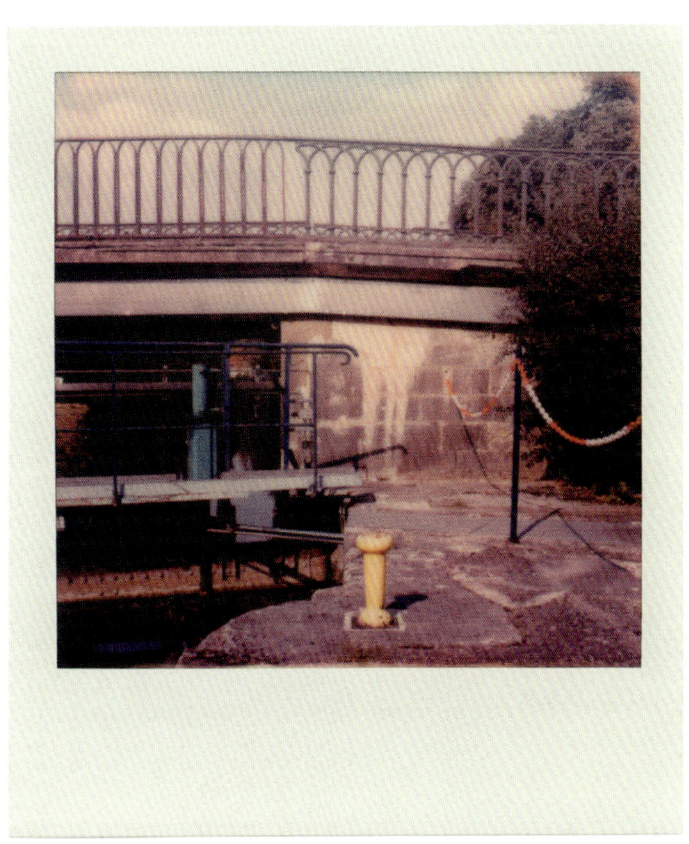

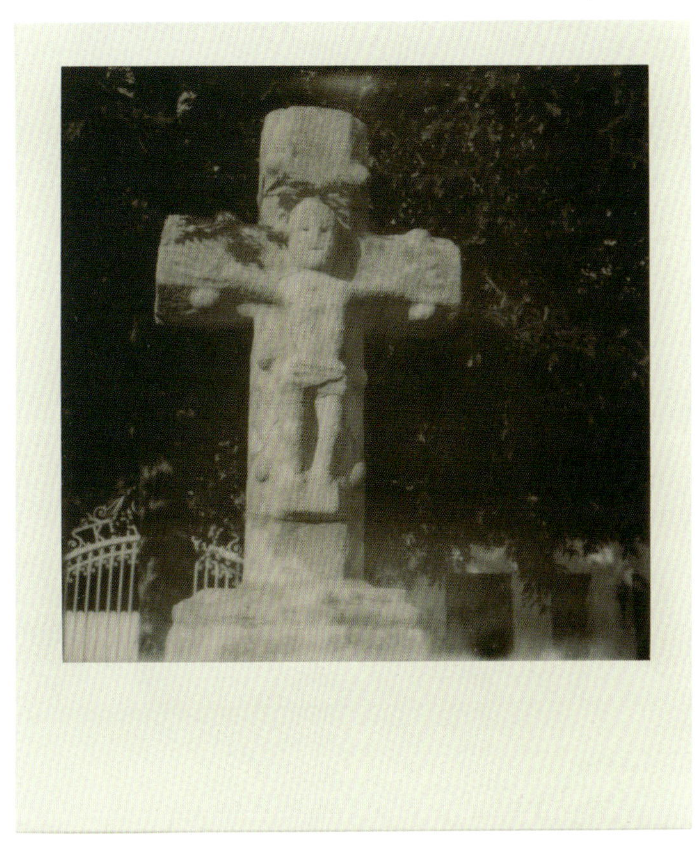

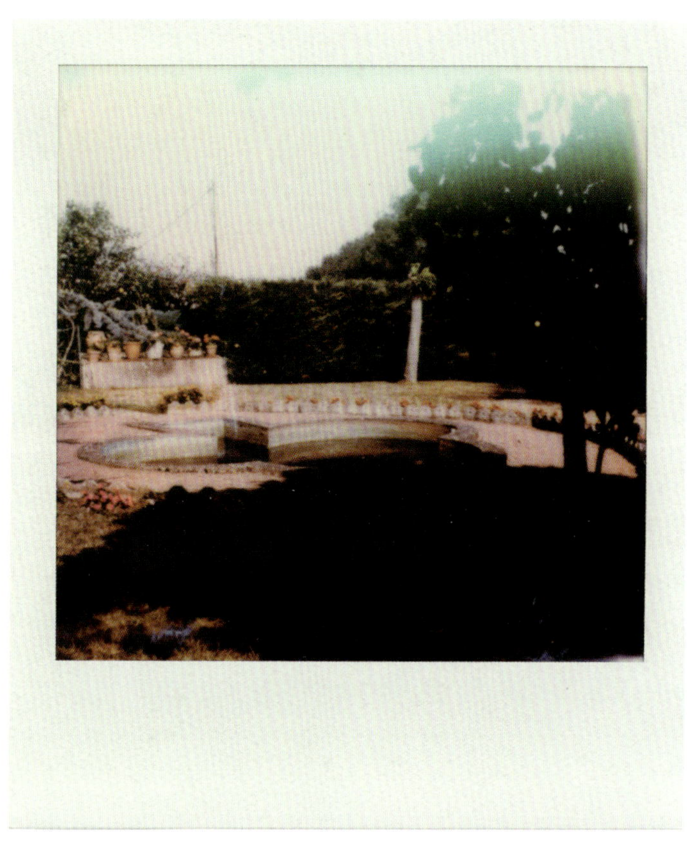

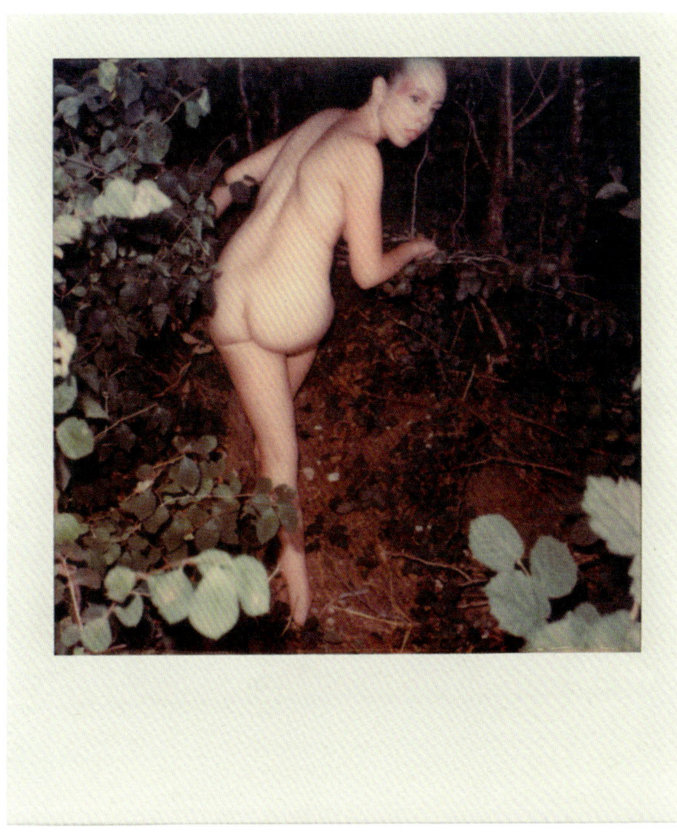

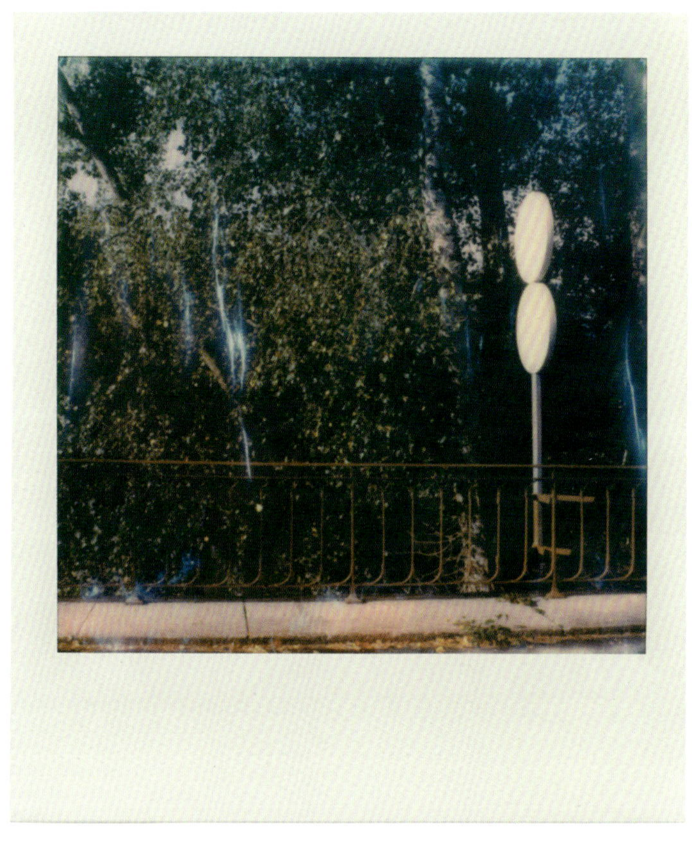

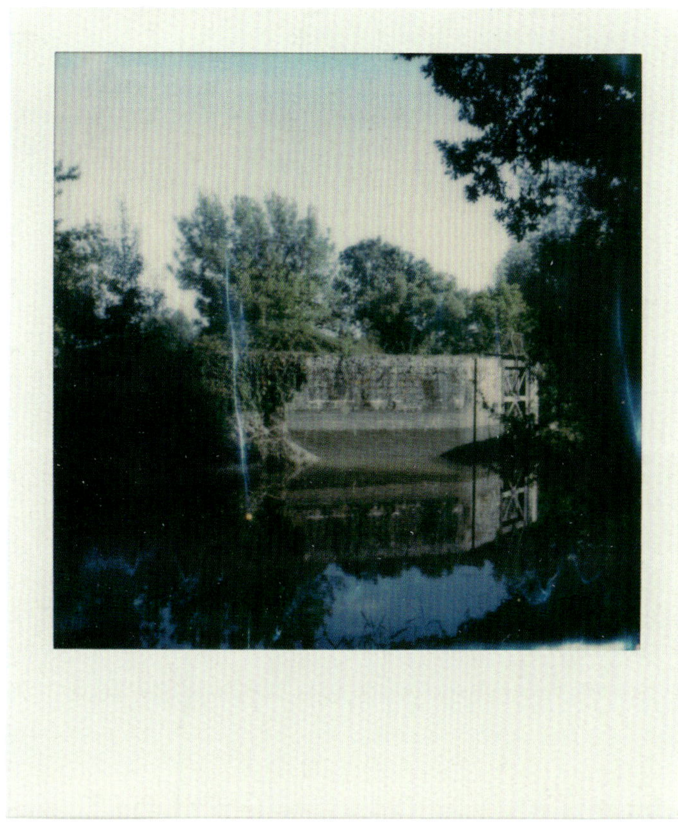

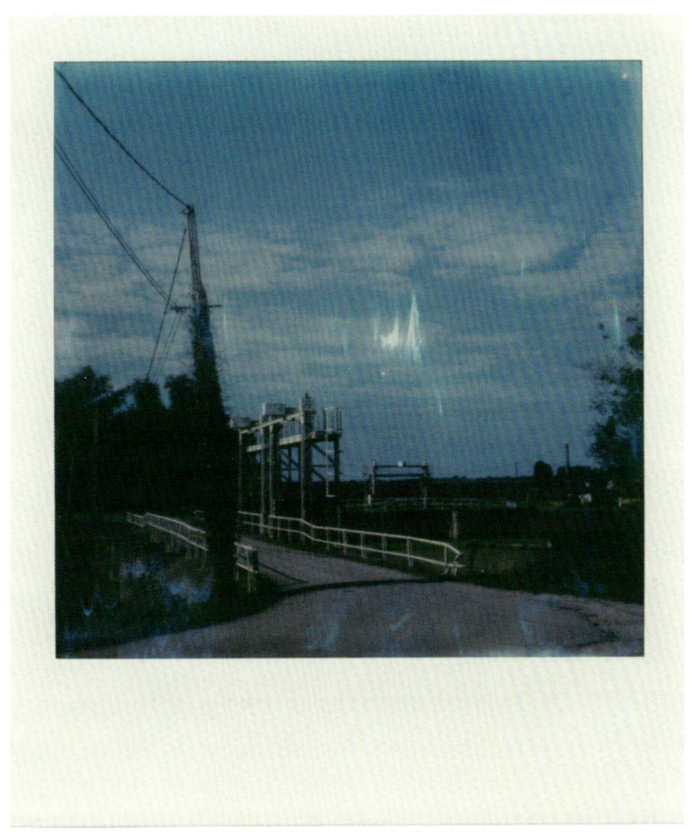

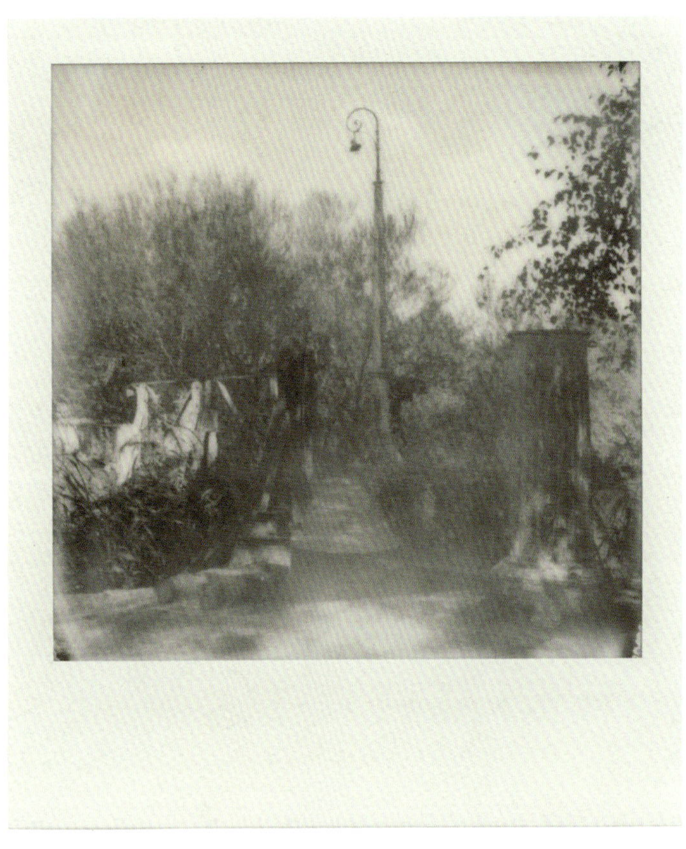

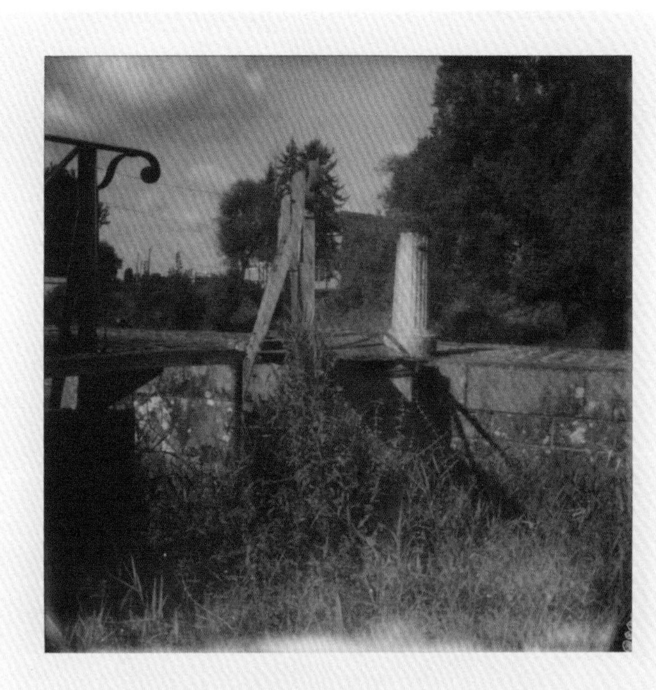

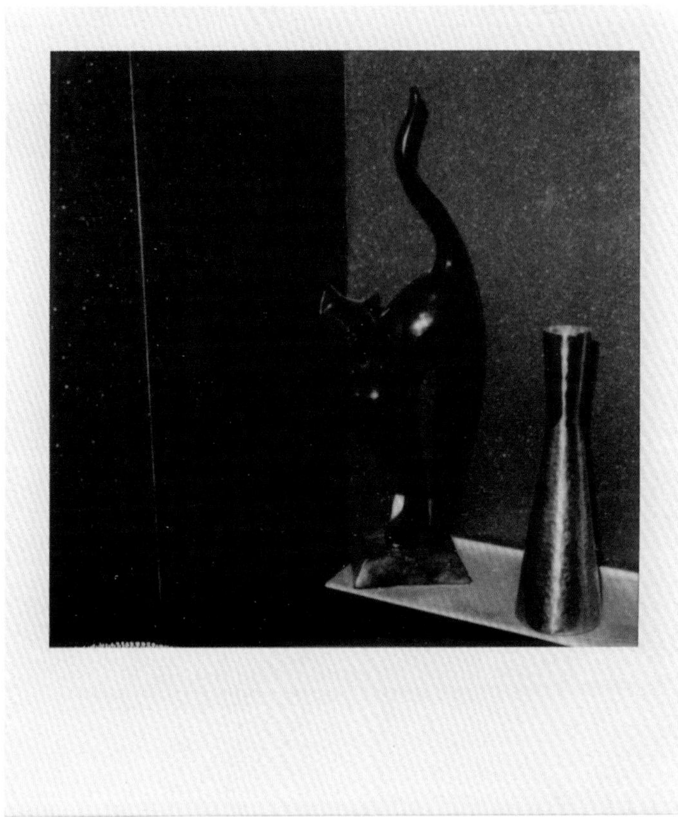

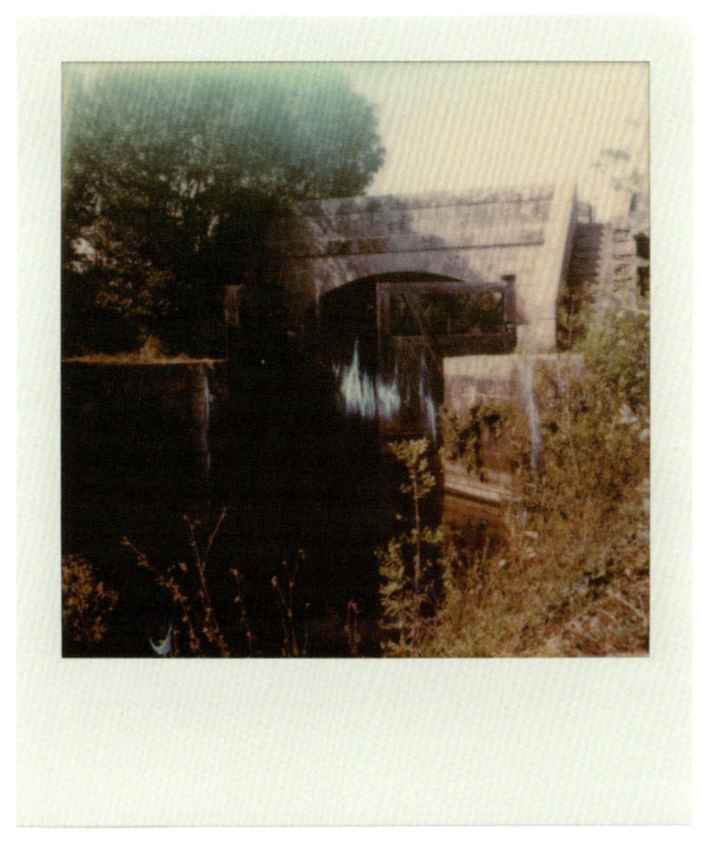

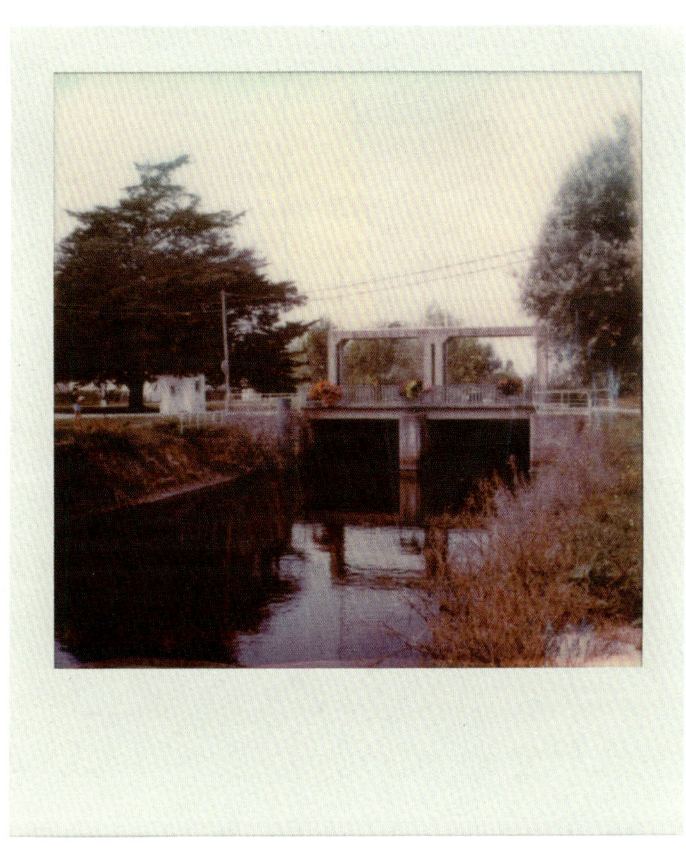

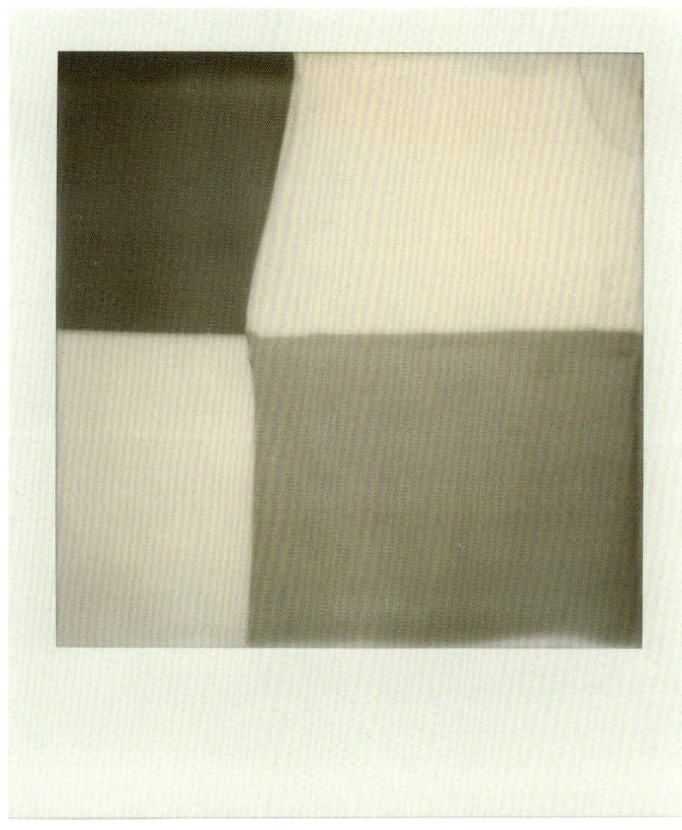

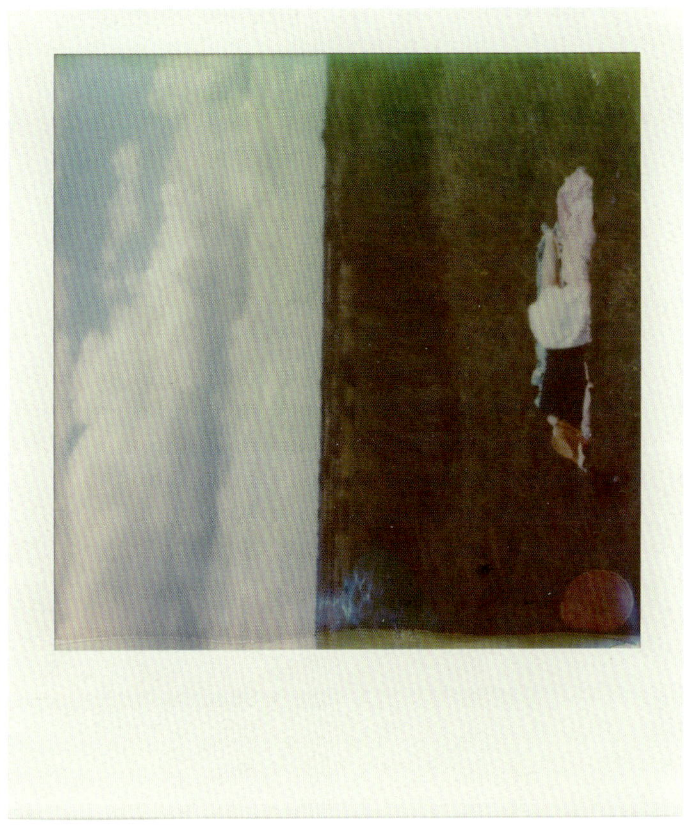

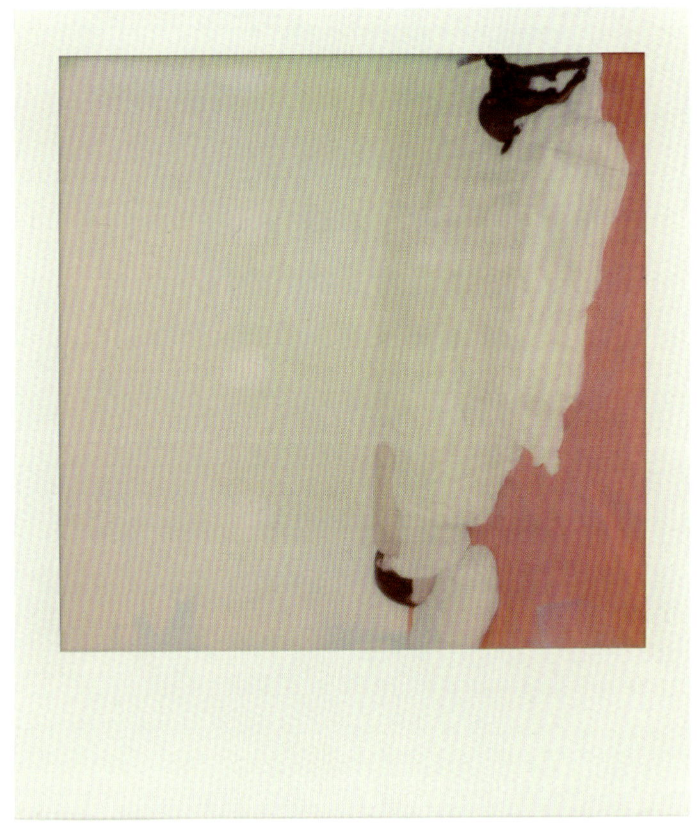

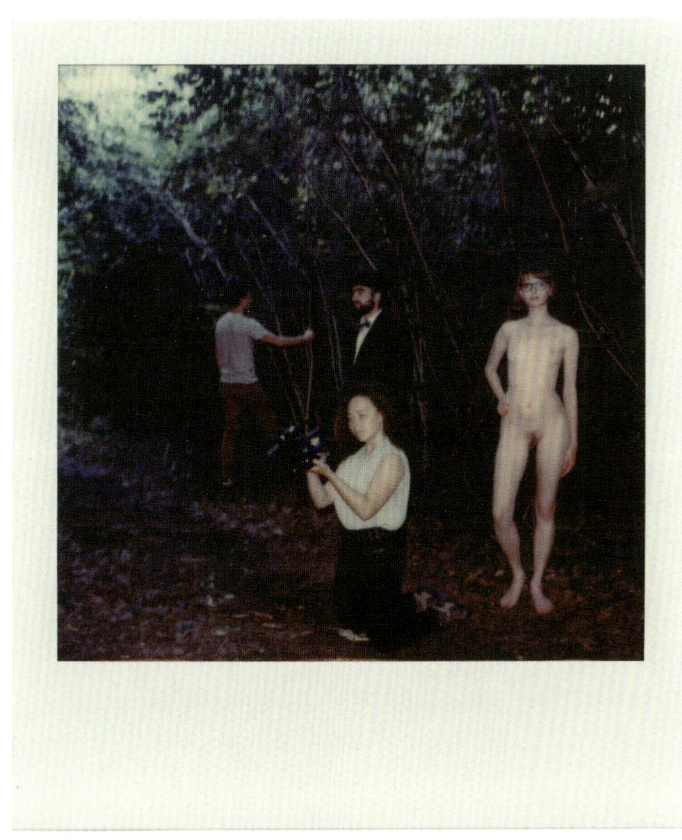

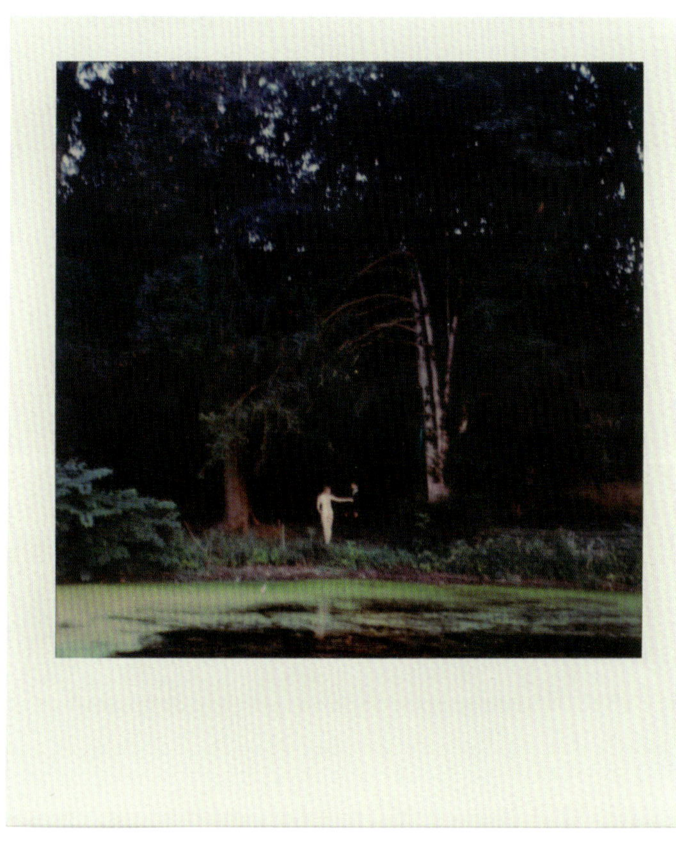

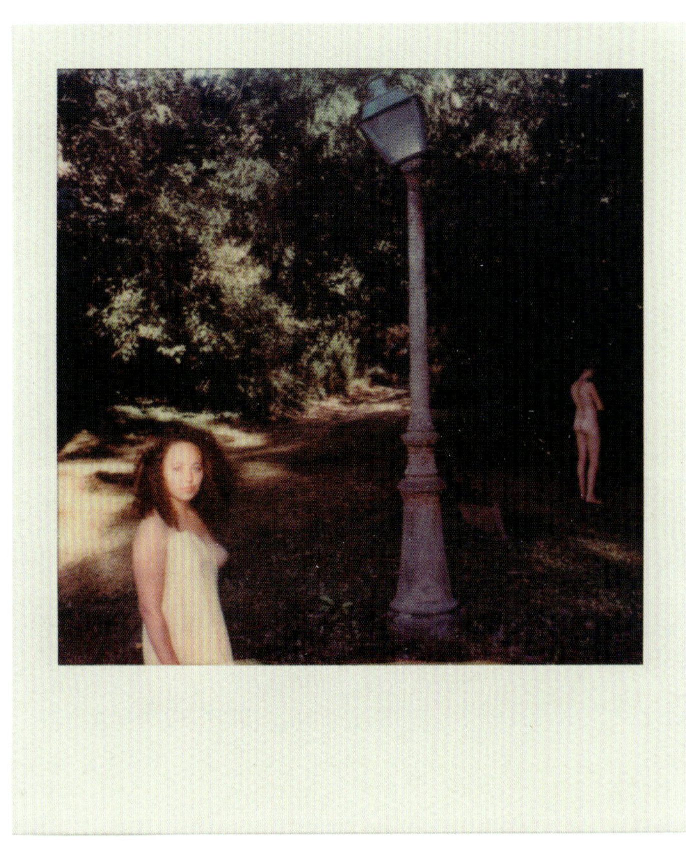

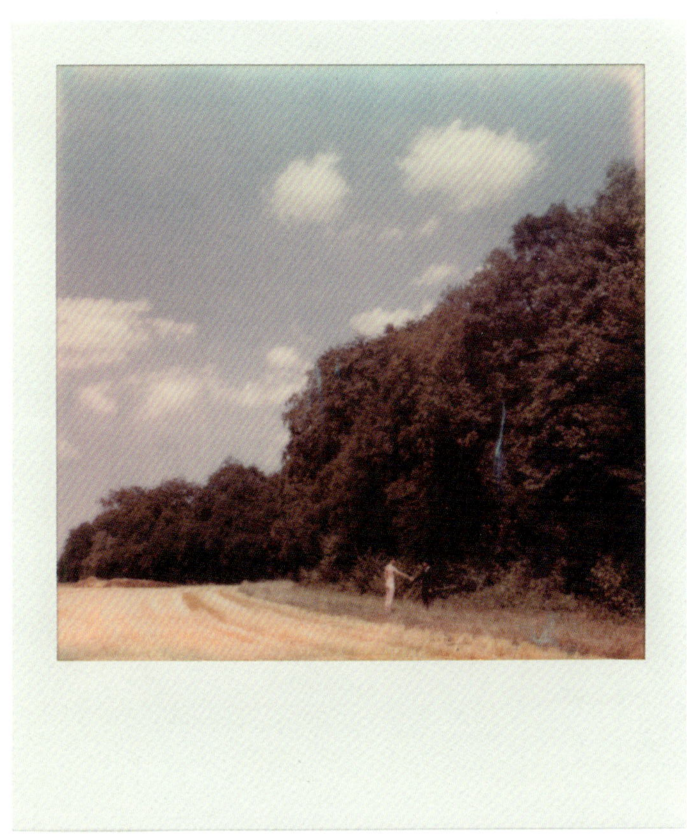

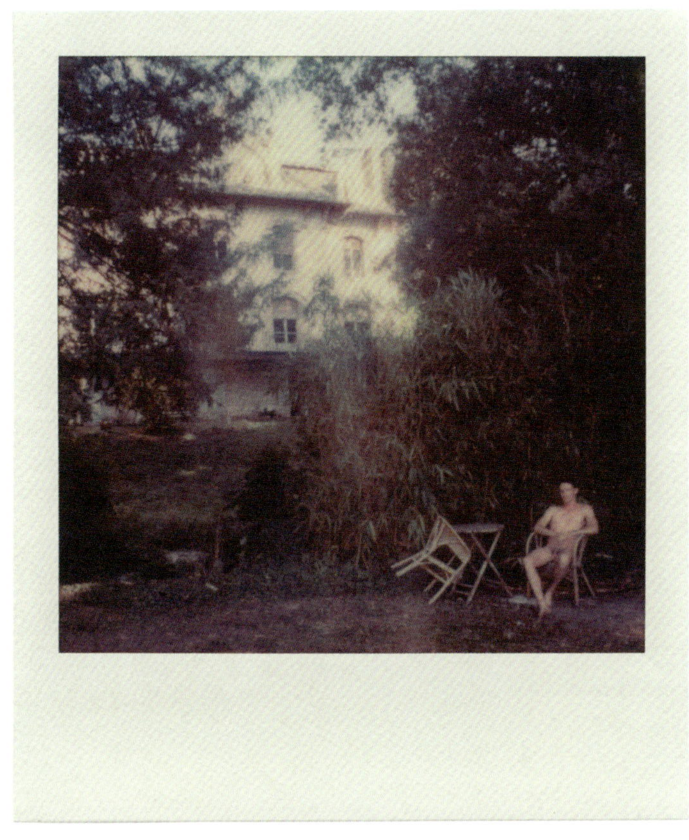

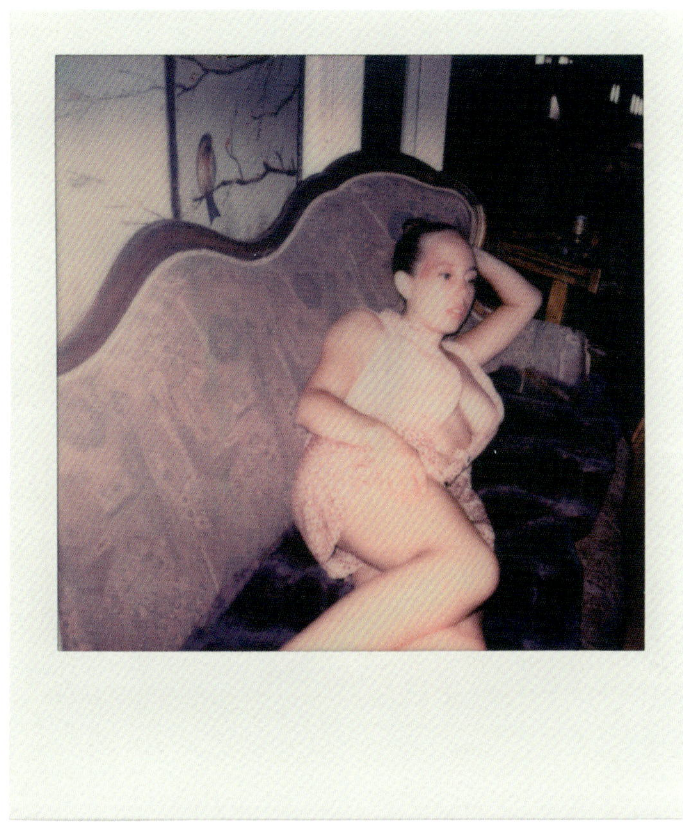